English G 21

B2

Vokabeltaschenbuch

Cornelsen

Das **Vocabulary** (Vokabelverzeichnis) enthält alle Wörter und Wendungen, die du lernen musst.
Sie stehen in der Reihenfolge, in der sie in den Units vorkommen.

So ist das Vocabulary aufgebaut:

- Hier siehst du, wo die Wörter vorkommen.
  p. 31/A 11 = Seite 31, Abschnitt 11
  p. 35/P 11 = Seite 35, Übung 11
- Die Lautschrift zeigt dir, wie ein Wort ausgesprochen und betont wird. (→ Englische Laute: S. 4)
- Eingerückte Wörter lernst du am besten zusammen mit dem vorausgehenden Wort, weil die beiden zusammengehören.
- Diese Kästen solltest du dir besonders gut ansehen.

p. 31/A 11	(to) **agree (with** sb.) [əˈgriː]	(jm.) zustimmen; (mit jm.) übereinstimmen	Ananc **agre**
p. 35/P 11	**point** [pɔɪnt]	Punkt	Three
	fast [fɑːst]	schnell	**slow**
	slow [sləʊ]	langsam	

(to) go …

Last week we were in London. We **went by car**.	… Wir **sind mit**
Let's **go for a walk** in the mountains.	Lass uns ei
Can we **go on a trip** to Cornwall next week?	Kö

Tipps zum Wörterlernen findest du auf den Seiten 68–71.

Abkürzungen

n	= *noun*	*v*	= *verb*
adj	= *adjective*	*adv*	= *adverb*
prep	= *preposition*	*conj*	= *conjunction*
pl	= *plural*	*no pl*	= *no plural*
p.	= page	pp.	= pages
sb.	= somebody	sth.	= something
jn.	= jemanden	jm.	= jemandem

Symbole

◄► ist das „Gegenteil"-Zeichen: **slow** ◄► **fast** (**slow** ist das Gegenteil von **fast**)

! Hier stehen Hinweise auf Besonderheiten, bei denen man leicht Fehler machen kann.

English sounds (Englische Laute)

Die Lautschrift in den eckigen Klammern zeigt dir, wie ein Wort ausgesprochen und betont wird.
In der folgenden Übersicht findest du alle Lautzeichen.

Vokale (Selbstlaute)

[iː]	gr**ee**n	[ɔː]	m**or**ning	[aɪ]	t**i**me
[i]	happ**y**	[uː]	bl**ue**	[ɔɪ]	b**oy**
[ɪ]	**i**n	[ʊ]	b**oo**k	[əʊ]	**o**ld
[e]	y**e**s	[ʌ]	m**u**m	[aʊ]	n**ow**
[æ]	bl**a**ck	[ɜː]	T-sh**ir**t	[ɪə]	h**ere**
[ɑː]	p**ar**k	[ə]	**a** partn**er**	[eə]	wh**ere**
[ɒ]	s**o**ng	[eɪ]	sk**a**te	[ʊə]	t**our**

Konsonanten (Mitlaute)

[b]	**b**ox	[ŋ]	si**ng**	[z]	plea**s**e
[p]	**p**lay	[l]	he**ll**o	[ʃ]	**sh**op
[d]	**d**a**d**	[r]	**r**ed	[ʒ]	televi**s**ion
[t]	**t**en	[w]	**w**e	[tʃ]	tea**ch**er
[g]	**g**ood	[j]	**y**ou	[dʒ]	**G**ermany
[k]	**c**at	[f]	**f**ull	[θ]	**th**anks
[m]	**m**u**m**	[v]	**v**ery	[ð]	**th**is
[n]	**n**o	[s]	**s**i**s**ter	[h]	**h**e

Tipp

Am besten kannst du dir die Aussprache der einzelnen Lautzeichen einprägen, wenn du dir zu jedem Zeichen ein einfaches Wort merkst – das [iː] ist der **green**-Laut, das [eɪ] ist der **skate**-Laut usw.

Betonung

['] und [ˌ] sind **Betonungszeichen**.
Sie stehen immer <u>vor</u> der betonten Silbe.

['] zeigt die Hauptbetonung,
[ˌ] zeigt die Nebenbetonung.

Beispiel: **mobile phone** [ˌməʊbaɪl 'fəʊn]
Hauptbetonung auf **phone**,
Nebenbetonung auf der ersten Silbe: <u>**mobile**</u>

Der „Bindebogen"

Der **Bindebogen** [‿] zeigt an, dass zwei Wörter beim Sprechen aneinandergebunden und wie ein Wort gesprochen werden.

Beispiele: **What colour is ...?** [ˌwɒt 'kʌlər‿ɪz]
Mum and Dad [ˌmʌm‿ən 'dæd]
This is ... ['ðɪs‿ɪz]

Welcome back – After the holidays

Remember?

p. 6

The weather[1]

the sun

It's hot and sunny.
heiß und sonnig

a cloud

It's cloudy.
bewölkt

rain

It's rainy.
regnerisch

wind

It's windy.
windig

a storm[2]

It's stormy.
stürmisch

snow

snow on a mountain
Schnee auf einem Berg

It's raining.

It's very cold.

It's warm.

It's too hot.

[1] weather ['weðə] *Wetter* • [2] storm *Sturm; Gewitter*

(to) **travel** ['trævl] **(-ll-)**[1]	reisen	Last year we **travelled** to Turkey in the holidays.
caravan ['kærəvæn]	Wohnwagen	*French:* la caravane
by the sea [baɪ]	am Meer	a **caravan by the sea**

Irregular simple past forms

(to) drink	**drank** [dræŋk]	trinken	(to) read [riːd]	**read** [red]	lesen
(to) eat	**ate** [et, eɪt]	essen	(to) ride	**rode** [rəʊd]	reiten; *(Rad)* fahren
(to) meet	**met** [met]	(sich) treffen	(to) swim	**swam** [swæm]	schwimmen
(to) put	**put** [pʊt]	legen, stellen, *(wohin)* tun	(to) throw	**threw** [θruː]	werfen

on the beach [biːtʃ]	am Strand	
island ['aɪlənd]	Insel	
(to) **stay** [steɪ]	bleiben; wohnen, übernachten	It rained all day so I **stayed** at home. In the holidays we **stayed** at a hotel in Cornwall.
anyway ['eniweɪ]	trotzdem	It was cold, but we went swimming **anyway**.
theatre ['θɪətə]	Theater	! Betonung auf der 1. Silbe: **theatre** ['θɪətə] *French:* le théâtre
cool [kuːl]	kühl	
(to) **go for a walk** [wɔːk]	spazieren gehen, einen Spaziergang machen	

cold	cool	warm	hot

country ['kʌntri]	Land *(auch als Gegensatz zur Stadt)*	Germany is a big **country**. ! The Millers live **in the country**. (= auf dem Land)
view [vjuː]	Aussicht, Blick	This postcard shows the **view** from our hotel.
plane [pleɪn]	Flugzeug	! **im** Flugzeug **= on** the plane
as [əz, æz]	als, während	I ate my sandwiches **as** I waited for the bus.
(to) **fly** [flaɪ], *simple past:* **flew** [fluː]	fliegen	
round [raʊnd]	um ... (herum); in ... umher	**round** the car Walk **round** the classroom and talk to different partners. 
(to) **shine** [ʃaɪn], *simple past:* **shone** [ʃɒn]	scheinen *(Sonne)*	Most people are happy when the sun **shines**.
p.7 **sky** [skaɪ]	Himmel	! It was a sunny day. There wasn't a cloud **in the sky**. (= am Himmel)
our **own** pool [əʊn]	unser eigenes Schwimmbad	! I've got **my own** room. (*Never:* ~~an own~~ room)
(to) **go by car/bike/...**	mit dem Auto/Rad/... fahren	

[1] Die Angabe **(-ll-)** zeigt, dass der Endkonsonant bei der Bildung von *-ing*-Form und *-ed*-Form verdoppelt wird: **travel** – **travelling / travelled**.

(to) go ... (*simple past:* went)

Last week we were in London. We **went by car**.	... Wir **sind mit dem Auto gefahren**.
Let's **go for a walk** in the mountains.	Lass uns **einen Spaziergang** in den Bergen **machen**.
Can we **go on a trip** to Cornwall next week?	Können wir ... **einen Ausflug** nach Cornwall **machen**?
We **went on holiday** to Italy this summer.	Wir sind diesen Sommer nach Italien **in Urlaub gefahren**.

	What was the weather like?	Wie war das Wetter?	
p.8	**degree** [dɪ'griː]	Grad	It's 14 **degrees** (14°) and very cloudy in England. *French:* le degré
	foggy ['fɒgi]	neblig	
	fog [fɒg]	Nebel	noun: **fog** – adjective: **foggy**
	start [stɑːt]	Start, Anfang, Beginn	verb: (to) **start** – noun: **start**
p.9	(to) **go abroad** [ə'brɔːd]	ins Ausland gehen/fahren	
	nobody ['nəʊbədi]	niemand	
	(to) **speak (to)** [spiːk], *simple past:* **spoke** [spəʊk]	sprechen (mit), reden (mit)	
	clothes *(pl)* [kləʊðz, kləʊz]	Kleider, Kleidung(sstücke)	! **clothes** ist ein Pluralwort: **Kleidung** **ist** teuer. = **Clothes** **are** expensive.

lake [leɪk]	(Binnen-)See	 ! the **lake** = der See • the **sea** = die See, das Meer

Unit 1: Back to school

p.11 (to) **describe** sth. **(to** sb.**)** [dɪ'skraɪb]	(jm.) etwas beschreiben	! **Describe** the picture **to your partner**. = **Beschreibe** das Bild **deinem Partner**. *French:* décrire
description [dɪ'skrɪpʃn]	Beschreibung	*French:* la description
background ['bækgraʊnd]	Hintergrund	 In this picture, Dan and Jo are in the **foreground**. In the **background** you can see a lake.
foreground ['fɔːgraʊnd]	Vordergrund	
at the bottom (of) ['bɒtəm]	unten, am unteren Ende (von)	Now do the exercise **at the bottom of** the page. ↓ **at the bottom (of)** ◄► **at the top (of)** ↑

left – right

Do you write with your **left** or your **right** hand?	Schreibst du mit der **linken** oder mit der **rechten** Hand?
Jack looks **left** and **right**, but he can't see the man.	Jack schaut **nach links** und **nach rechts**, aber ...
On the left, you can see Morris, my cat.	**Links/Auf der linken Seite** ...
My dog Alice is **on the right**.	... **rechts/auf der rechten Seite**.

Where's the rabbit? (Prepositions)

behind[1] the cage

in front of the cage

in the cage

between[2] the girls

near the cat

next to[3] the cat

[1] **behind** [bɪ'haɪnd] hinter

[2] **between** [bɪ'twiːn] zwischen

p.12/A1 **flight** [flaɪt]	Flug	verb: (to) **fly** – noun: **flight**
time(s) [taɪm(z)]	Mal(e); -mal	We went surfing four **times** last week.
a bit [ə 'bɪt]	ein bisschen, etwas	The tea was **a bit** hot, so I added some milk.
the underground ['ʌndəgraʊnd]	die U-Bahn	*American English:* **the subway** ['sʌbweɪ]
dangerous ['deɪndʒərəs]	gefährlich	*French:* dangereux, dangereuse

Irregular simple past forms

(to) get	**got** [gɒt]	gelangen, (hin)kommen	(to) hear	**heard** [hɜːd]	hören
(to) get on/off	**got on/off**	ein-, aussteigen	(to) know	**knew** [njuː]	wissen; kennen
(to) give	**gave** [geɪv]	geben	(to) teach	**taught** [tɔːt]	unterrichten, lehren

fast [fɑːst]	schnell	
slow [sləʊ]	langsam	**fast** ◄► **slow**
What was **the best thing about ...?**	Was war das Beste an ...?	**The best thing about** the film was the music.
building ['bɪldɪŋ]	Gebäude	**buildings** 
lift [lɪft]	Fahrstuhl, Aufzug	*American English:* **elevator** ['elɪveɪtə] 
amazing [ə'meɪzɪŋ]	erstaunlich, unglaublich	

	for miles [maɪlz]	meilenweit	You can see **for miles** from this tower.
	mile [maɪl]	Meile *(= ca. 1,6 km)*	
p.13/A2	**at the back (of** the room**)** [bæk]	hinten, im hinteren Teil (des Zimmers)	
	Mind your own business. [ˌmaɪnd jər‿ˌəʊn 'bɪznəs]	Das geht dich nichts an! / Kümmere dich um deine eigenen Angelegenheiten!	How much was that mobile phone? – **Mind your own business.**
	after ['ɑːftə]	nachdem	! **after** = **1.** *(prep)* nach – **after** school **2.** *(conj)* nachdem – **after** I came home
	before [bɪ'fɔː]	bevor	! **before** = **1.** *(prep)* vor – **before** lunch **2.** *(conj)* bevor – **before** we eat
	rude [ruːd]	unhöflich, unverschämt	It's **rude** to speak with your mouth full.
p.14/A4	**Do you really think so?**	Meinst du wirklich? / Glaubst du das wirklich?	Shopping is great fun. – **Do you really think so?** I think it's boring.
	No way! [ˌnəʊ 'weɪ]	Auf keinen Fall! / Kommt nicht in Frage!	Mum, can you give me £ 80 for a new sweatshirt? – £ 80? **No way!** You can have £ 30.
	Come on. [ˌkʌm‿'ɒn]	Ach komm! / Na hör mal!	Oh **come on** – you know that's wrong!
	(to) **be in trouble** ['trʌbl]	in Schwierigkeiten sein; Ärger kriegen	My friends helped me when I **was in trouble**. Jo **is in trouble**. He hasn't got his homework.
	hero ['hɪərəʊ], *pl* **heroes** ['hɪərəʊz]	Held, Heldin	

	(to) **calm down** [ˌkɑːm 'daʊn]	sich beruhigen	Help! There's a mouse in the kitchen. – **Calm down**. It can't hurt you.
	(to) **get angry/hot/... (-tt-),** *simple past:* **got**	wütend/heiß/... werden	It**'s getting hot** in here. Can you open the window, please?
	angry (about sth.**/with** sb.**)** ['æŋgri]	wütend, böse (über etwas/auf jn.)	Let's be friends again. Or are you still **angry with** me?
	nothing ['nʌθɪŋ]	nichts	**nothing** (nichts) – **something** (etwas) – **everything** (alles)
p.15/A6	**role play** ['rəʊl pleɪ]	Rollenspiel	
p.18/P5	**vowel sound** ['vaʊəl saʊnd]	Vokallaut	
p.18/P6	**linking word** ['lɪŋkɪŋ wɜːd]	Bindewort	
	Ms Travelot [mɪz, məz]	Frau Travelot	**!** Manche Frauen möchten lieber mit **Ms ...** angesprochen werden, weil am Wort **Ms** nicht zu erkennen ist, ob sie verheiratet sind oder nicht. (**Mrs ...** = verheiratet; **Miss ...** = unverheiratet)
	hour ['aʊə]	Stunde	*French:* l'heure *(f)*
p.20/P10	**person** ['pɜːsn]	Person	**!** Betonung auf der 1. Silbe: **<u>per</u>son** ['pɜːsn]
	(to) **be on**	eingeschaltet sein, an sein *(Radio, Licht usw.)*	I can't do my homework when the radio **is on**.

p.20/P12 **Find/Ask somebody who ...**	Finde/Frage jemanden, der ...	I've got no idea. **Ask somebody who** knows more about Bristol.

Saved!

p.22 (to) **save** [seɪv]	retten	*French:* sauver
through [θruː]	durch	He's climbing **through** the window.
bunk (bed) [bʌŋk]	Etagenbett, Koje	**bunk beds**
he **could ...** [kəd, kʊd]	er konnte ...	My brother **could** ride a bike when he was four.
(to) **get (-tt-),** *simple past:* **got**	holen, besorgen	

(to) get (*simple past:* got)

1. **gelangen, (hin)kommen** — How can I **get** to the station, please?
2. **werden** — My mother **got** very angry last night.
3. **holen, besorgen** — Can you **get** the tickets for the theatre?
4. **bekommen, kriegen** — Did you **get** nice birthday presents?

Remember:

(to) **get dressed**	sich anziehen
(to) **get on/off**	ein-/aussteigen
(to) **get up**	aufstehen

out („hinaus, heraus", „draußen")

There's a little cat in the water. We have to pull her **out**.	... Wir müssen sie **heraus**ziehen.
Dan saw a girl swim **out**.	Dan sah ein Mädchen **hinaus**schwimmen.
Where's Sheeba? – She's **out** there in the garden.	... Sie ist da **draußen** im Garten.

Come on. [ˌkʌm‿ˈɒn]	Na los, komm.	
tide [taɪd]	Gezeiten, Ebbe und Flut	! The **tide** is **out**. (Es ist **Ebbe**.) The **tide** is **in**. (Es ist **Flut**.) 
past [pɑːst]	vorbei (an), vorüber (an)	We walked **past** theatres, cafés and shops.
(to) **wave** [weɪv]	winken	She's **waving**. 
p. 23 **a few** [fjuː]	ein paar, einige	We didn't have much money, just **a few** pounds.
all right [ɔːl ˈraɪt]	gut, in Ordnung	Let's meet tomorrow. – **All right**. Is 8.30 OK?
almost [ˈɔːlməʊst]	fast, beinahe	It's **almost** six. 

(to) **drive** [draɪv], *simple past:* **drove** [drəʊv]	*(ein Auto/mit dem Auto)* fahren	Does your mother **drive** to work? – No, she usually goes by bike.
(to) **see** sb. [siː], *simple past:* **saw** [sɔː]	jn. besuchen, jn. aufsuchen	Why don't you come and **see** us next Sunday?
(to) **know about** sth., *simple past:* **knew** [njuː]	von etwas wissen; über etwas Bescheid wissen	I didn't **know about** the party, so I couldn't go.
happy ending [ˌhæpi‿'endɪŋ]	Happyend	**!** In English you say **happy ending**. (*Not:* ~~happy end~~)
in time [ɪn 'taɪm]	rechtzeitig	We didn't get home **in time**, so we couldn't watch the film.
(to) **go surfing** ['sɜːfɪŋ]	wellenreiten gehen, surfen gehen	(to) **go surfing**
surfboard ['sɜːfbɔːd]	Surfbrett	
exciting [ɪk'saɪtɪŋ]	aufregend, spannend	**exciting** ◂▸ **boring**

Unit 2: What money can buy

p.26	**pocket money** ['pɒkɪt mʌni]	Taschengeld
	pocket ['pɒkɪt]	Tasche *(an einem Kleidungsstück)*

(to) **spend money/time (on)** [spend]**,** *simple past:* **spent** [spent]	Geld ausgeben (für) / Zeit verbringen (mit)	My brother **spends** a lot of money **on** clothes. We **spent** the weekend at my grandmother's in Rostock.
(to) **save** [seɪv]	sparen	
survey (on) ['sɜːveɪ]	Umfrage, Untersuchung (über)	We're doing a **survey on** free-time activities.

Irregular simple past forms

p. 27

(to) buy	**bought** [bɔːt]	kaufen
(to) find	**found** [faʊnd]	finden
(to) sell	**sold** [səʊld]	verkaufen
(to) think	**thought** [θɔːt]	glauben, meinen, denken
(to) understand	**understood** [ˌʌndəˈstʊd]	verstehen
(to) wear	**wore** [wɔː]	tragen *(Kleidung)*
(to) win	**won** [wʌn]	gewinnen

blouse [blaʊz]	Bluse	a pretty **blouse**
(baseball) cap [kæp]	(Baseball-)Mütze	a **(baseball) cap**
cinema ['sɪnəmə]	Kino	! ins **Kino** gehen = (to) go **to the cinema** *French:* le cinéma
jacket ['dʒækɪt]	Jacke, Jackett	! Betonung auf der 1. Silbe: **jacket** ['dʒækɪt]
make-up ['meɪkʌp]	Make-up	**make-up** ['meɪkʌp]
pullover ['pʊləʊvə]	Pullover	**pullover** ['pʊləʊvə]

	skirt [skɜːt]	Rock	
	sports gear *(no pl)* ['spɔːts gɪə]	Sportausrüstung, Sportsachen	**!** Where <u>**is**</u> my **sports gear**? *(singular)* = Wo <u>**sind**</u> meine **Sportsachen**?
	a pair (of) [peə]	ein Paar	**a pair of trainers**  *French:* la paire
	trainers *(pl)* ['treɪnəz]	Turnschuhe	
	trousers *(pl)* ['traʊzəz]	Hose	**!** <u>**Are**</u> your **trousers** new? – Yes, **they are**. (= <u>**Ist**</u> deine **Hose** neu?)

Plural words: *glasses, jeans, shorts, trousers*

She wears **glasses**.	Sie trägt **eine Brille**.	**!** Wörter wie **glasses, jeans, shorts, trousers** sind Pluralwörter – also nie ~~a glasses~~, ~~two jeans~~, ~~this trousers~~!
Why does he need **two pairs of glasses**?	... **zwei Brillen**?	
Those trousers are great. Can I have **them**?	**Die Hose da ist** toll. Kann ich **sie** haben?	
I need **a new pair of trousers / some new trousers**.	... **eine neue Hose**.	

p. 28/A1	**What's the matter?** ['mætə]	Was ist los? / Was ist denn?	
	awful ['ɔːfl]	furchtbar, schrecklich	very bad, terrible
	mine [maɪn]	meiner, meine, meins	

Possessive pronouns (Possessivpronomen)

mine	This isn't my pencil. **Mine** is green.	**meiner, meine, meins**
yours	My pen doesn't write. Can I use **yours**?	**deiner, deine, deins**
his	Where are Mike's shoes? Those aren't **his**.	**seiner, seine, seins**
hers	That isn't Kate's book. **Hers** is on her desk.	**ihrer, ihre, ihrs**
ours	Your dog is black, **ours** is brown.	**unserer, unsere, unseres**
yours	Dan, Jo, what about these CDs? Are they **yours**?	**eurer, eure, eures**
theirs	That wasn't the Millers' car. **Theirs** is red.	**ihrer, ihre, ihrs**

everybody ['evribɒdi]	jeder, alle	**nobody** (niemand) – **somebody** (jemand) – **everybody** (jeder, alle)
(to) **be fed up (with** sth.**)** [ˌfed_'ʌp]	die Nase voll haben (von etwas)	I'**m fed up with** comics. I think they're boring.
(to) **lose** [lu:z], *simple past:* **lost** [lɒst]	verlieren	(to) **lose money** ◄► (to) **find money** (to) **lose a match** ◄► (to) **win a match**
whose? [hu:z]	wessen?	**Whose** CDs are these? Are they yours, Sophie? And **whose** are these? (– Wem gehören diese?)
(to) **disappear** [ˌdɪsə'pɪə]	verschwinden	*French:* disparaître

	just like you	genau wie du	
	(to) **have** [həv, hæv]**,** *simple past:* **had** [həd, hæd]	haben, besitzen	! **haben, besitzen** = **1.** have got; **2.** (to) have (Im *simple present* wird *have got* häufiger verwendet. Das *simple past* von beiden ist *had*.)
p.28/A2	**fine** [faɪn]	gut, schön; in Ordnung	It was a very **fine** day, so we went swimming. Is my essay OK? – Yes, it's **fine**.
p.28/A3	**test** [test]	Klassenarbeit, Test, Prüfung	*French:* le test
p.29/A4	**problem** ['prɒbləm]	Problem	! Betonung auf der 1. Silbe: **problem** ['prɒbləm] *French:* le problème
	(to) **look up (from)**	hochsehen, aufschauen (von)	She heard a noise and **looked up from** her book.
	What for? [ˌwɒt 'fɔː]	Wofür?	I need £ 20. – **What for?**
	moment ['məʊmənt]	Moment, Augenblick	Please call again later, Jo's out **at the moment**. ! Betonung auf der 1. Silbe: **moment** ['məʊmənt] *French:* le moment
	cheap [tʃiːp]	billig, preiswert	**cheap** ◄► **expensive**
	my old **ones** [wʌnz]	meine alten	There are three CDs on the table: a new **one** (= a new CD) and two old **ones** (= two old CDs).

small [smɔːl]	klein	What a nice little house! But isn't it too **small** for your family?
(to) **grow** [grəʊ], *simple past:* **grew** [gruː]	wachsen	Orange trees **grow** only in hot countries.
more than ['mɔː ðən]	mehr als	! **more than me** = **mehr als ich:** My sister has got **more** CDs **than me**.
(to) **point (at/to** sth.**)** [pɔɪnt]	zeigen, deuten (auf etwas)	He **pointed at/to** the clock. 'We're late,' he said. 
p.30/A 8 **letter (to)** ['letə]	Brief (an)	 lots of **letters**  **a letter** *French:* la lettre
even ['iːvn]	sogar	Everybody tried to help, **even** the children.
fuller (than) ['fʊlə]	voller (als)	In the evenings the shop is **fuller than** in the afternoons.
(the) fullest ['fʊlɪst]	der/die/das vollste ...; am vollsten	On Sunday mornings the shop is **fullest**. **full – fuller – (the) fullest**
stuff [stʌf]	Zeug, Kram	What's that red **stuff** on your T-shirt? Ketchup?
surprise [sə'praɪz]	Überraschung	*French:* la surprise

as big/exciting **as**	so groß/aufregend wie	Bristol is not **as big as** New York.

good – better – best • bad – worse – worst

good	gut	**bad**	schlecht, schlimm
better	besser	**worse** [wɜːs]	schlechter, schlimmer
(the) **best**	am besten; der/die/das beste ...	(the) **worst** [wɜːst]	am schlechtesten, schlimmsten; der/die/das schlechteste, schlimmste ...

My computer is **better** than yours, but Mr Scott's computer is **the best**.
Our school uniform is **bad**, but theirs is **worse**.
What do you think: What's **the best** pop group at the moment? What's **the worst**?

p.31/A10	(to) **put** sth. **on** [ˌpʊt‿ˈɒn] **(-tt-)**, *simple past:* **put on**	etwas anziehen *(Kleidung)*	**Put on** a pullover. It's cold outside.
	(to) **take** sth. **off** [ˌteɪk‿ˈɒf], *simple past:* **took off**	etwas ausziehen *(Kleidung)*	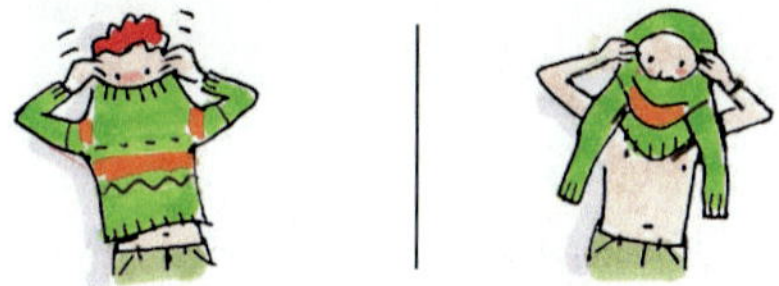 (to) **take off** a pullover ◄► (to) **put on** a pullover
	more boring **(than)**	langweiliger (als)	My home town is smaller and **more boring than** New York.
	(the) most boring [məʊst]	der/die/das langweiligste ...; am langweiligsten	This village must be **the most boring** place in Britain.
	charity [ˈtʃærəti]	Wohlfahrtsorganisation	

	recycling [ˌriːˈsaɪklɪŋ]	Wiederverwertung, Recycling	
	recycled [ˌriːˈsaɪkld]	wiederverwertet, wiederverwendet, recycelt	
p.31/A11	(to) **agree (with** sb.**)** [əˈgriː]	(jm.) zustimmen; (mit jm.) übereinstimmen	Ananda thinks sport is fun but Jack doesn't **agree with** her.
p.35/P10	**about** [əˈbaʊt]	ungefähr	There were **about** 300 people in the park. ! **about** = **1.** über – a book **about** pets **2.** ungefähr – **about** 300 people
p.35/P11	**point** [pɔɪnt]	Punkt	Three **points** for the right answer! *French:* le point

The Clothes Project

p.38	**fashion** [ˈfæʃn]	Mode	
	(to) **join** sb. [dʒɔɪn]	sich jm. anschließen; bei jm. mitmachen	We're going shopping. Do you want to **join** us? I like computers, so I **joined** the computer club.
	presenter [prɪˈzentə]	Moderator/in	
	over to ...	hinüber zu/nach ...	Dan saw Jo in the park and walked **over to** him.
	(to) **love** [lʌv]	lieben, sehr mögen	(to) **love** ◄► (to) **hate**
	love	Liebe	noun: **love** – verb: (to) **love**

careful ['keəfl]	vorsichtig; sorgfältig	Please be **careful** – this road is very dangerous. The poster looks great, Ananda. Thank you for your **careful** work.
(to) **design** [dɪ'zaɪn]	entwerfen, gestalten	
hat [hæt]	Hut	a **hat** 
mirror ['mɪrə]	Spiegel	a **mirror**  *French:* le miroir
(to) **stand** [stænd], *simple past:* **stood** [stʊd]	stehen; sich (hin)stellen	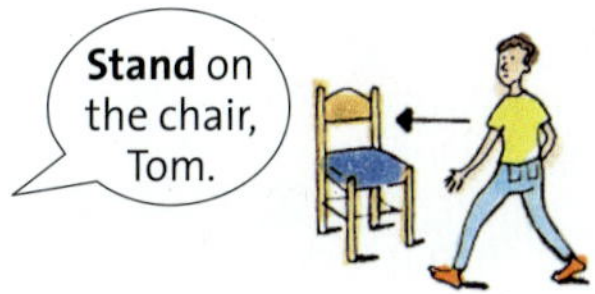  Tom **is standing** on the chair now.
(to) **hurry** ['hʌri]	eilen; sich beeilen	It was cold and windy so we **hurried** to the car. **Hurry (up)**, we haven't got much time.
(to) **land** [lænd]	landen	
p.39 (to) **prepare** [prɪ'peə]	vorbereiten; sich vorbereiten	(to) **prepare** a presentation / a show / a report **!** **sich vorbereiten <u>auf</u>** = (to) **prepare <u>for</u>**: I can't help you. I have to **prepare for** a test. *French:* préparer

puzzled ['pʌzld]	verwirrt	
bin [bɪn], **dustbin** ['dʌstbɪn]	Mülltonne	a **dustbin** 
point of view [ˌpɔɪnt‿əv 'vjuː]	Standpunkt	! from my **point of view** = von meinem **Standpunkt** aus gesehen; aus meiner **Sicht**

Unit 3: Animals in the city

p.42 **animal** ['ænɪml]	Tier	*French:* l'animal *(m)*
fox [fɒks]	Fuchs	a **fox** 
series, *pl* **series** ['sɪəriːz]	(Sende-)Reihe, Serie	It's my favourite **series**. I watch it every week.
wild [waɪld]	wild	! Pronunciation: **wild** [waɪld]

tonight's programme – Zeitangaben mit *s*-Genitiv

tonight's programme	das Programm von heute Abend; das heutige Abendprogramm
yesterday's homework	die Hausaufgaben von gestern
tomorrow's weather	das Wetter von morgen

(to) **survive** [sə'vaɪv]	überleben	*French:* survivre
survival [sə'vaɪvl]	Überleben	verb: (to) **survive** – noun: **survival**
channel ['tʃænl]	Kanal, Sender	
p.43 **deer,** *pl* **deer** [dɪə]	Reh, Hirsch	
woodpecker ['wʊdpekə]	Specht	
grey [greɪ]	grau	
squirrel ['skwɪrəl]	Eichhörnchen	
mole [məʊl]	Maulwurf	
hedgehog ['hedʒhɒg]	Igel	
frog [frɒg]	Frosch	
interview ['ɪntəvju:]	Interview	*French:* l'interview *(f)*
p.44/A1 **rubbish** ['rʌbɪʃ]	(Haus-)Müll, Abfall	Where's my old cap? – Dad put it in the **rubbish**.
you**'ll be cold** (= you **will be cold**) [wɪl]	du wirst frieren; ihr werdet frieren	! I**'ll** (= I **will**) help Dan. = Ich **werde** Dan helfen. I **want to** help Dan. = Ich **will** Dan helfen.
you **won't be cold** [wəʊnt] (= you **will not be cold**)	du wirst nicht frieren; ihr werdet nicht frieren	
yard [jɑ:d]	Hof	! After school we always play **in the yard**. (= auf dem Hof)

probably ['prɒbəbli]	wahrscheinlich	*French:* probablement
(to) **mail** sb. [meɪl]	jn. anmailen	
(to) **sit down** **(-tt-),** *simple past:* **sat down**	sich hinsetzen	(to) **sit down** ◄► (to) **stand up**

Irregular simple past forms

(to) bring	**brought** [brɔːt]	(mit-, her)bringen	(to) lay the table	**laid** [leɪd]	den Tisch decken
(to) choose	**chose** [tʃəʊz]	(aus)wählen, (sich) aussuchen	(to) let	**let** [let]	lassen
(to) feed	**fed** [fed]	füttern	(to) sing	**sang** [sæŋ]	singen
(to) hide	**hid** [hɪd]	(sich) verstecken	(to) sleep	**slept** [slept]	schlafen
			(to) write	**wrote** [rəʊt]	schreiben

p.44/A2	**moon** [muːn]	Mond	
p.45/A4	**Thanks very much!**	Danke sehr! / Vielen Dank!	(to) like/love sth. **very much** = etwas **sehr** mögen / **sehr** lieben
	if [ɪf]	falls, wenn	! **If** I see him, I'll ask him. (**Falls** ich ihn sehe ...) **When** I see him, ... (**Dann wenn** ... / **Sobald** ...)
	ill [ɪl]	krank	Susan is **ill**. 

(to) **pick** sth. **up** [ˌpɪk‿ˈʌp]	etwas hochheben, aufheben	Who dropped this paper on the floor? Come and **pick it up**, please.
important [ɪmˈpɔːtnt]	wichtig	*French:* important, e
(to) **keep** sth. warm/cool/ open/... [kiːp], *simple past:* **kept** [kept]	etwas warm/kühl/offen/... halten	It's important to **keep** hedgehog babies **warm**. **Keep** your eyes **open** when you're on the road.
hot-water bottle	Wärmflasche	
fine [faɪn]	*(gesundheitlich)* gut	**!** I'm/He's **fine**. = Es geht mir/ihm gut.
(to) **visit** [ˈvɪzɪt]	besuchen, aufsuchen	
chance [tʃɑːns]	Chance, Möglichkeit, Aussicht	
clinic [ˈklɪnɪk]	Klinik	**!** Pronunciation: **clinic** [ˈklɪnɪk] *(kurzes „i")* *French:* la clinique
as soon as [əz ˈsuːn‿əz]	sobald, sowie	I'll call you **as soon as** I'm home.
p.46/A6 (to) **explain** sth. **to** sb. [ɪkˈspleɪn]	jm. etwas erklären, erläutern	If you don't understand, I'll **explain it to you**. **!** Kannst du **mir** das **erklären**? = Can you **explain** that **to me**? (*Not:* Can you ~~explain me~~ ...)
explanation [ˌekspləˈneɪʃn]	Erklärung	*French:* expliquer; l'explication *(f)*
Guess what! [ˌges ˈwɒt]	Stell dir vor! / Stellt euch vor!	
(to) **guess** [ges]	raten, erraten, schätzen	**Guess** how old I am. – 13? – No, I'm 14.

at break	in der Pause *(zwischen Schulstunden)*	
just then	genau in dem Moment; gerade dann	At three o'clock we wanted to go swimming, and **just then** it started to rain.
(to) **jump** [dʒʌmp]	springen	Can you **jump** over your desk? 
horrible ['hɒrəbl]	scheußlich, grauenhaft	a **horrible** day; **horrible** weather *French:* horrible
garage ['gærɑːʒ]	Garage	**!** Betonung auf der 1. Silbe: **garage** ['gærɑːʒ] *French:* le garage
safe (from) [seɪf]	sicher, in Sicherheit (vor)	**!** Will the hedgehogs be **safe**? (= **in Sicherheit**) – **I'm sure** they'll be fine. (= **sicherlich**)
p.47/A8 (to) **do a good job**	gute Arbeit leisten	I like your essay. You **did a** really **good job**.
You did **well**. *(adv)* [wel]	Das hast du gut gemacht.	adjective: **good** – adverb: **well**
broken *(adj)* ['brəʊkən]	gebrochen; zerbrochen, kaputt	a **broken** arm  a **broken** plate 
woods *(pl)* [wʊdz]	Wald, Wälder	Let's go for a walk in the **woods**.
wood [wʊd]	Holz	a piece of **wood** 

	hard [hɑːd]	hart; schwer, schwierig	**hard** work; a **hard** piece of bread This exercise isn't **hard**. You can do it.
	(to) **work hard**	hart arbeiten	
	I'm afraid [əˈfreɪd]	leider	! • I have to go now, **I'm afraid**. = **Leider** muss ich jetzt gehen. • My sister **is afraid of** dogs. = Meine Schwester **hat Angst** vor Hunden.
	quite quickly/well/… [kwaɪt]	ziemlich schnell/gut/…	I play hockey **quite well**, but I'm not good enough for the school team.
p.47/A 9	(to) **scan** a text [skæn] **(-nn-)**	einen Text schnell nach bestimmten Wörtern/ Informationen absuchen	
	enemy [ˈenəmi]	Feind/in	**enemy** ◄► **friend** *French:* l'ennemi *(m)*
	(to) **have a baby**	ein Baby/Kind bekommen	! ein Kind **bekommen** = (to) **have** a baby
p.49/P 4	**fire** [ˈfaɪə]	Feuer, Brand	
p.50/P 6	(to) **ask** sb. **for** sth.	jn. um etwas bitten	She **asked** her mother **for** help / **for** some money.
p.52/P 12	(to) **cook** [kʊk]	kochen, zubereiten	

news *(no pl)* [njuːz] Nachrichten

! Das **<u>sind</u>** gute **Nachrichten**! =
That**<u>'s</u>** good **news**! *(singular)*
Never: The news ~~are~~ ... *or* ~~a news~~

Remember?

p. 52/P 13

1 **crocodile** ['krɒkədaɪl]
2 **monkey** ['mʌŋki]
3 **camel** ['kæml]
4 **zebra** ['zebrə]
5 one **wolf** [wʊlf],
two **wolves** [wʊlvz]
6 **tiger** ['taɪgə]
7 **giraffe** [dʒə'rɑːf]
8 **lion** ['laɪən]
9 **rhino** ['raɪnəʊ]
10 **hippo** ['hɪpəʊ]
11 **bear** [beə]
12 **elephant** ['elɪfənt]
13 **kangaroo** [ˌkæŋgə'ruː]

p. 53/P 14 **word building** ['wɜːd ˌbɪldɪŋ] Wortbildung

El's best friend

p.54 **angel** ['eɪndʒl]	Engel	*French:* l'ange *(m)*
(to) **bully** ['bʊli]	einschüchtern, tyrannisieren	
suitcase ['su:tkeɪs]	Koffer	a **suitcase** 
(to) **pack** [pæk]	packen, einpacken	
(to) **leave** [li:v], *simple past:* **left** [left]	gehen, weggehen; abfahren	I said 'Goodbye' and **left**.

(to) leave (*simple past:* left)

1. **(weg)gehen; abfahren** — Get your suitcase. We**'re leaving**.
   Hurry up, the train **leaves** in an hour.
2. **verlassen** — El's mum wanted to **leave** her dad.
   I took my bags and **left** the room.
3. **zurücklassen** — He **left** his dog in the car when he went into the shop.

sad [sæd]	traurig	**sad**  **happy**
(to) **miss** [mɪs]	vermissen	It was great in England, but I **missed** my friends.
(to) **promise** ['prɒmɪs]	versprechen	I'll come and visit you. I **promise**. ! Ich **verspreche es**! = I **promise**! (*not:* I promise ~~it~~) *French:* promettre
neat and tidy [ni:t], ['taɪdi]	schön ordentlich	My room is always **neat and tidy**.

neat	gepflegt	Your hair looks very **neat**, but isn't it a bit short?
tidy	ordentlich, aufgeräumt	verb: (to) **tidy** (aufräumen) – adjective: **tidy**
sweetheart ['swiːthɑːt]	Liebling, Schatz	
heart [hɑːt]	Herz	a **heart** 
(to) **move out** [ˌmuːv‿'aʊt]	ausziehen	(to) **move out** ◂▸ (to) **move in** We had to **move out** of our house, so we **moved to** London, **to** a small flat in Camden.
(to) **move (to)**	umziehen (nach, in)	
p.55 (to) **count** [kaʊnt]	zählen	Jack **counted** his money. He had £ 6.50. *French:* compter
return ticket [rɪ'tɜːn ˌtɪkɪt]	Rückfahrkarte	
Oh dear!	Oje!	
(to) **search (for)** [sɜːtʃ]	suchen (nach)	When we got to London, we **searched for** a cheap hotel.
good	brav	If you're a **good** boy, you can have an ice cream. ! **good** = **1.** gut – a **good** film/story **2.** brav – a **good** boy/dog
(to) **turn** [tɜːn]	sich umdrehen	
towards sb./sth. [tə'wɔːdz]	auf jn./etwas zu	Jo turned and walked slowly **towards** the door. 'Bye,' he said.
shy [ʃaɪ]	schüchtern, scheu	Come on, ask that man over there. Don't be **shy**.

line [laɪn]	Zeile	I don't know the second word in **line** 12. Abkürzung: **l.** 5 = **line** 5 • **ll.** 5–9 = **lines** 5–9 *French:* la ligne
(to) **feel** [fiːl], *simple past:* **felt** [felt]	sich fühlen; fühlen	I always **feel** good when I hear that song. Take my hand. Can you **feel** how cold it is?

Unit 4: A weekend in Wales

p.58	**clean** [kliːn]	sauber	verb: (to) **clean** – adjective: **clean**
	cow [kaʊ]	Kuh	
	dirty ['dɜːti]	schmutzig	**dirty** ◀▶ **clean**
	factory ['fæktri]	Fabrik	My parents work in a **factory**. They make cars.
	farm [fɑːm]	Bauernhof, Farm	*French:* la ferme
	field [fiːld]	Feld, Acker, Weide	! **auf** dem Feld = **in the field**
	forest ['fɒrɪst]	Wald	*French:* la forêt
	hill [hɪl]	Hügel	
	traffic ['træfɪk]	Verkehr	Look at all those cars. The **traffic** here is terrible.
	noisy ['nɔɪzi]	laut, lärmend	noun: **noise** – adjective: **noisy**

	river ['rɪvə]	Fluss	
	sheep, *pl* **sheep** [ʃiːp]	Schaf	
	valley ['væli]	Tal	

p.59	**pyjamas** *(pl)* [pə'dʒɑːməz]	Schlafanzug	! Where <u>**are**</u> my **pyjamas**? (= Wo <u>**ist**</u> mein **Schlafanzug**?) *French:* le pyjama
p.60/A1	(to) **smell** [smel]	riechen	I could **smell** Mum's cake in the kitchen. 'Mmmm, that **smells** great,' I said.
	Welsh [welʃ]	walisisch; Walisisch	Some people in Wales speak English and **Welsh**.
	soup [suːp]	Suppe	*French:* la soupe
	railway ['reɪlweɪ]	Eisenbahn	
	picnic ['pɪknɪk]	Picknick	*French:* le pique-nique
	castle ['kɑːsl]	Burg, Schloss	a **castle**

Verbs and nouns with the same form

(to) **glue**	(auf-, ein)kleben	(to) **name**	nennen; benennen	(to) **ride** a bike	Rad fahren
glue	Klebstoff	**name**	Name	(bike) **ride**	(Rad-)Fahrt
(to) **interview**	interviewen, befragen	(to) **phone**	anrufen	(to) **smell**	riechen
interview	Interview	**phone**	Telefon	**smell**	Geruch
(to) **joke**	scherzen, Witze machen	(to) **plan (-nn-)**	planen	(to) **smile**	lächeln
joke	Witz	**plan**	Plan	**smile**	Lächeln
(to) **list**	auflisten, aufzählen	(to) **report (to)**	berichten	(to) **visit**	besuchen
list	Liste	**report**	Bericht, Reportage	**visit**	Besuch

p.60/A2	**attraction** [ə'trækʃn]	Attraktion, Anziehungspunkt	Disney World is a big **attraction** for kids. *French:* l'attraction *(f)*
	football/hockey pitch [pɪtʃ]	Fußball-/Hockeyplatz, -feld	
	all around the castle ['ɔːl‿əˌraʊnd]	ganz um die Burg herum	It was a nice day, so we walked **all around** the lake.
	(to) **miss** [mɪs]	verpassen	She got up late, so she **missed** the bus. ! (to) **miss** = **1.** vermissen – I **miss** my friends. **2.** verpassen – I **missed** the bus.
	topic sentence [ˌtɒpɪk 'sentəns]	*Satz, der in das Thema eines Absatzes einführt*	
	paragraph ['pærəgrɑːf]	Absatz *(in einem Text)*	! Betonung auf der 1. Silbe: **paragraph** ['pærəgrɑːf]

p. 61/A 4	**already** [ɔːlˈredi]	schon, bereits	Jo was still on the beach, but Dan was **already** in the water.
	not (...) yet [jet]	noch nicht	Are you ready? – **Not yet**. I'll be ready in ten minutes.
p. 61/A 6	**just** [dʒʌst]	gerade (eben), soeben	**! just** = **1.** nur, bloß – Don't worry if you don't win. It's **just** a game. **2.** gerade (eben) – I'm new in Berlin. I've **just** moved here.

The present perfect: statements

In Aussagesätzen im *present perfect* findet man oft diese unbestimmten Zeitangaben:

already	Please tidy your room. – But I've **already** tidied it.	**schon**
not ... yet	I've tidied my room, but I have**n't** finished my homework **yet**.	**noch nicht**
never	I often play football but I've **never** played basketball.	**(noch) nie**
just	Your room looks great. – Yes, I've **just** tidied it.	**gerade (eben), soeben**

made [meɪd]	*3. Form von „make"*	(to) make – made – **made**
pie [paɪ]	Obstkuchen; Pastete	
seen [siːn]	*3. Form von „see"*	(to) see – saw – **seen**
come [kʌm]	*3. Form von „come"*	(to) come – came – **come**

Irregular past participles[1]

(to) be	was/were	**been** [biːn]	sein
(to) do	did	**done** [dʌn]	tun, machen
(to) eat	ate	**eaten** ['iːtn]	essen
(to) find	found	**found** [faʊnd]	finden
(to) go	went	**gone** [gɒn]	gehen, fahren
(to) have (have got)	had	**had** [hæd]	haben, besitzen
(to) take	took	**taken** ['teɪkən]	nehmen, (weg-, hin)bringen

[1] Die dritte Form des Verbs nennt man *past participle* (Partizip Perfekt).

well *(adj)*	*(gesundheitlich)* gut; gesund, wohlauf	! **well** = **1.** *(adv)* gut – She sang **well**. *(Adverb zu „good“)* **2.** *(adj)* gesund – He doesn't feel **well**. I'm **well** again.
p.62/A7 (to) **have a temperature** ['temprətʃə]	Fieber haben	I feel very hot. I think I **have a temperature**. ! Betonung auf der 1. Silbe: **temperature** ['temprətʃə]
temperature	Temperatur	*French:* la température
thermometer [θə'mɒmɪtə]	Thermometer	! Betonung auf der 2. Silbe: **thermometer** [θə'mɒmɪtə] *French:* le thermomètre
(to) **have a sore throat** [sɔː 'θrəʊt]	Halsschmerzen haben	She **has a sore throat**.
(to) **be sore**	wund sein, wehtun	Your eyes are very red. **Are** they **sore**?

throat	Hals, Kehle	
(to) **nod** [nɒd] **(-dd-)**	nicken (mit)	! Er **nickte mit dem Kopf**. = He **nodded his head**.
headache ['hedeɪk]	Kopfschmerzen	I have a **headache**. I often get **headaches**.
(to) **move** [muːv]	bewegen; sich bewegen	Don't **move**. 
paramedic [ˌpærə'medɪk]	Sanitäter/in	! Englische Berufsangaben mit unbestimmtem Artikel: My dad is **a** paramedic / **a** teacher. (Mein Vater ist Sanitäter / Lehrer.)

What's wrong with you? („Was fehlt dir?")

(to) have **a headache / a toothache / an earache / a stomach[1] ache**	Kopfschmerzen / Zahnschmerzen / Ohrenschmerzen / Magenschmerzen haben
(to) have **a cold**	eine Erkältung haben, erkältet sein

I don't feel well. / I feel ill.	Ich fühle mich nicht gut. / Ich fühle mich krank.
– What's wrong with you?	– Was fehlt dir?
I have a terrible headache and my throat is sore.	Ich habe schreckliche Kopfschmerzen und mein Hals tut weh.
– Maybe you have a cold. Do you have a temperature too?	– Vielleicht hast du eine Erkältung / bist du erkältet. Hast du auch Fieber?

Statt *I **have** a cold / a headache / a temperature* usw. kannst du auch ***I've got** a cold / a headache / a temperature* usw. sagen.

[1] stomach ['stʌmək] *Magen*

p. 63/A10	**ever** ['evə]	je, jemals, schon mal	Have you **ever** visited England?

The present perfect: questions

In Fragen im *present perfect* findet man oft diese unbestimmten Zeitangaben:

ever? — Have you **ever** played tennis? – No, never. — **schon mal? / jemals?**

yet? — Have you done your homework **yet**? – Yes, I have. — **schon?**

(to) **install** [ɪn'stɔːl]	installieren, einrichten	verb: (to) **install** –	*French:* installer
installation [ˌɪnstə'leɪʃn]	Installation, Einrichtung	noun: **installation**	*French:* l'installation *(f)*
(to) **chat** [tʃæt] **(-tt-)**	chatten, plaudern	We sat in the park and **chatted** for a few hours.	
chat [tʃæt]	Chat, Unterhaltung		
(to) **print** sth. **out** [ˌprɪnt‿'aʊt]	etwas ausdrucken	If you've finished the letter, you can **print** it **out** now.	
instructions *(pl)* [ɪn'strʌkʃnz]	(Gebrauchs-)Anweisung(en), Anleitung(en)	Read the **instructions** before you use the new dishwasher.	
It says here: ...	Hier steht: ... / Es heißt hier: ...		

The text says ...

The text says (that) the castle is 700 years old.	Im Text steht, dass ...
It says here / in line 4 / on page 3 that London is older than Berlin.	Hier / In Zeile 4 / Auf Seite 3 steht, dass ...
The poster says (that) it's only £ 1 for children.	Auf dem Poster steht, dass ...

(to) **click on** sth. [klɪk]	etwas anklicken	What do I do next? – Just **click on** 'OK'.
(to) **enter** sth. ['entə]	etwas eingeben, eintragen	Please **enter** your name on this list.

Computer words and phrases

You can ...

- **surf** the internet and **download** music or pictures.
- **install** software on your computer.
- **chat** with friends in a chat room.
- **print out** pictures or texts.
- **copy** texts and pictures.
- **send**[1] e-mails to your friends.

[1] (to) send [send], sent, sent [sent] *senden, schicken*

Irregular past participles

(to) buy	bought	**bought** [bɔːt]	kaufen
(to) feed	fed	**fed** [fed]	füttern
(to) give	gave	**given** ['gɪvn]	geben
(to) know	knew	**known** [nəʊn]	wissen; kennen
(to) put	put	**put** [pʊt]	legen, stellen
(to) say	said	**said** [sed]	sagen
(to) think	thought	**thought** [θɔːt]	denken, glauben
(to) write	wrote	**written** ['rɪtn]	schreiben

p. 63/A 11	(to) **mean** [miːn], **meant, meant** [ment]	bedeuten	What does 'forest' **mean**? – It **means** 'Wald'. ! Never: ~~What means~~ ...?
p. 65/P 4	**from all around Wales**	aus ganz Wales	
p. 65/P 5	**accent** ['æksənt]	Akzent	! Betonung auf der 1. Silbe: **<u>ac</u>cent** ['æksənt]

p.69/P16	**silent letter** [ˌsaɪlənt ˈletə]	„stummer“ Buchstabe *(nicht gesprochener Buchstabe)*	You can't hear the 'w' in 'answer' – it's a **silent letter.**

All in a day's work

p.70	(to) **ring** [rɪŋ]**, rang** [ræŋ]**, rung** [rʌŋ]	klingeln, läuten	Listen – I think the phone **is ringing**.
	accident [ˈæksɪdənt]	Unfall	Drive carefully or you'll have an **accident**. *French:* l'accident *(m)*
	side [saɪd]	Seite	How can we get to the other **side** of the river? **!** Seite (im Buch) = **page**
	policeman [pəˈliːsmən] **/ policewoman** [pəˈliːswʊmən]	Polizist/Polizistin	
	hurt [hɜːt]	verletzt	**! hurt** = **1.** *(v)* verletzen; wehtun; **2.** *(adj)* verletzt
	fireman [ˈfaɪəmən] **/ firewoman** [ˈfaɪəˌwʊmən]	Feuerwehrmann/-frau	
	metre [ˈmiːtə]	Meter	*French:* le mètre
	(to) **hope** [həʊp]	hoffen	John is late. I **hope** he hasn't had an accident.
	(to) **hold** [həʊld]**, held, held** [held]	halten	Can you **hold** the baby for a moment, please?

strong [strɒŋ]	stark	
weak [wiːk]	schwach	He's very **strong.** ◄► He's **weak**.
p. 71 (to) **fall** [fɔːl], **fell** [fel], **fallen** ['fɔːlən]	fallen, stürzen; hinfallen	Oh no! Toby **has fallen** into the pool. I **fell** and hurt my leg yesterday.
unconscious [ʌn'kɒnʃəs]	bewusstlos	He isn't dead. He's just **unconscious**.
husband ['hʌzbənd]	Ehemann	**!** mein **Mann** = my **husband** (*not:* ~~my man~~)
wife [waɪf], *pl* **wives** [waɪvz]	Ehefrau	**!** meine **Frau** = my **wife** (*not:* ~~my woman~~)

(to) think

think	I **think** you're right.	**denken, glauben, meinen**
think about	**Think about** these questions: ...	**nachdenken über**
think of	**Think of** the children. They need you. **Think of** a word with five letters.	**denken an** **sich ausdenken**
think about/of	What do you **think about / think of** the story?	**denken über, halten von**

hospital ['hɒspɪtl]	Krankenhaus	*French:* l'hôpital *(m)*

That was close. [kləʊs]	Das war knapp.	**!** Pronunciation: (to) **close** („schließen“) [kləʊz] **close** („knapp“) [kləʊs]
grandson ['grænsʌn] **/** **granddaughter** ['grændɔːtə]	Enkel/Enkelin	a son of your child / a daughter of your child

Unit 5: Teamwork

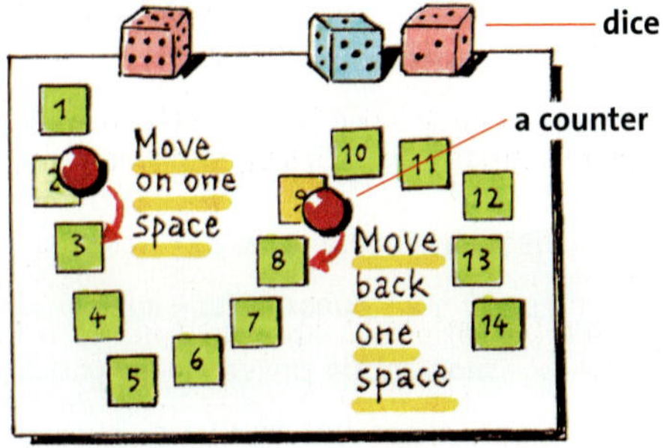

p.74 **dice,** *pl* **dice** [daɪs]	Würfel	
counter ['kaʊntə]	Spielstein	
Move on one space.	Geh ein Feld vor.	
Move back one space.	Geh ein Feld zurück.	
engineer [ˌendʒɪ'nɪə]	Ingenieur/in	
(to) **build** [bɪld]**, built, built** [bɪlt]	bauen	
pub [pʌb]	Kneipe, Lokal	where people go to drink and talk
Miss a turn.	Einmal aussetzen.	
ice rink ['aɪs rɪŋk]	Schlittschuhbahn	
energy ['enədʒi]	Energie; Kraft	**!** Betonung auf der 1. Silbe: **energy** ['enədʒi] *French:* l'énergie *(f)*

	(to) **mime** [maɪm]	pantomimisch darstellen, vorspielen	Can you say a poem or **mime** something for me?
	(to) **skate** [skeɪt]	Schlittschuh laufen, eislaufen	! (to) **skate** = **1.** Schlittschuh laufen; **2.** Inliner fahren; **3.** Skateboard fahren
	closed [kləʊzd]	geschlossen	**closed ◄► open**
	market ['mɑːkɪt]	Markt	*French:* le marché
	healthy ['helθi]	gesund	It's very **healthy** to do sports.
	snack [snæk]	Snack, Imbiss	
p.75	**famous (for)** ['feɪməs]	berühmt (für, wegen)	Bristol is **famous for** the Clifton Suspension Bridge.
	slave [sleɪv]	Sklave, Sklavin	*French:* l'esclave *(m, f)*
	British ['brɪtɪʃ]	britisch; Brite, Britin	There's a lot of **British** music on German radio. I'm German, but my mother is **British**.
	rich [rɪtʃ]	reich	a **rich** person = a person with lots of money **rich ◄► poor** *French:* riche
	land [lænd]	Land, Grund und Boden	! Land/Staat = **country**
	(to) **grow** [grəʊ], **grew** [gruː], **grown** [grəʊn]	*(Getreide usw.)* anbauen, anpflanzen	We have a garden and **grow** our own potatoes. ! (to) **grow** = **1.** wachsen; **2.** anbauen, anpflanzen
	sugar ['ʃʊgə]	Zucker	Tea with milk and **sugar**? *French:* le sucre
	tobacco [tə'bækəʊ]	Tabak	! Schreibung: **tobacco** *French:* le tabac

(to) **arrive** [ə'raɪv]	ankommen, eintreffen	(to) **arrive** ◄► (to) **leave**

as

p.76/A1

„als"

- Last week we did a quiz **as** part of a project.
  As a child, my father didn't have a computer.
- 'Hi,' Jo said **as** (= when) Jack opened the door.

„wie"

- I go to the same school **as** my brother.
- **As** you can see, the plate is broken.

booklet ['bʊklət]	Broschüre	
(to) **be wrong**	sich irren, Unrecht haben	Cotham School is in Bath. – You**'re wrong**. It's in Bristol. (to) **be wrong** ◄► (to) **be right**
Does **anybody** remember the name**?** ['enibɒdi]	Erinnert sich (irgend)jemand an den Namen?	

somebody – anybody / something – anything / somewhere – anywhere

Für die Zusammensetzungen mit **some-** und **any-** gelten dieselben Regeln wie für *some* und *any*:

somebody, something, somewhere stehen vor allem in bejahten Aussagesätzen,
anybody, anything, anywhere stehen vor allem in verneinten Aussagesätzen und in Fragen.

+	Listen. There's **somebody** at the door.	... Da ist **jemand** an der Tür.
–	I heard a noise in the garden, but I ca**n't** see **anybody**.	... aber ich kann **niemanden** sehen.
?	Can you see **anybody** in the garden**?**	Kannst du **(irgend)jemanden** im Garten sehen**?**

somebody – anybody / something – anything / somewhere – anywhere

+	Let's go to the shops and get **something** to eat.	... **etwas** zu essen
–	I'm too nervous – I ca**n't** eat **anything** at the moment.	... ich kann im Moment **nichts** essen.
?	Do you need **anything** from the shops**?**	Brauchst du **(irgend)etwas** ...**?**
+	This summer I'd like to go **somewhere** where it's hot.	... **irgendwohin**, wo es warm ist.
–	I do**n't** want to go **anywhere**, I want to stay at home.	Ich möchte **nirgendwohin** fahren ...
?	Are you going to go **anywhere** this summer**?**	Fährst du diesen Sommer **irgendwohin?**

p.77/A4 **statue** ['stætʃuː] Statue *French:* la statue

Irregular past participles

(to) drive	drove	**driven** ['drɪvn]	*(ein Auto)* fahren	(to) meet	met	**met** [met]	(sich) treffen
(to) hear	heard	**heard** [hɜːd]	hören	(to) run	ran	**run** [rʌn]	rennen, laufen
(to) leave	left	**left** [left]	(weg)gehen, abfahren; verlassen; zurücklassen	(to) sell	sold	**sold** [səʊld]	verkaufen
				(to) sit	sat	**sat** [sæt]	sitzen; sich setzen
				(to) sleep	slept	**slept** [slept]	schlafen

photographer [fə'tɒgrəfə] Fotograf/in

! Betonung auf der 2. Silbe: **pho<u>tog</u>rapher** [fə'tɒgrəfə]

p.77/A5 (to) **be born** [bi 'bɔːn] geboren sein/werden

! I **was** born in 1997. = Ich **bin** 1997 geboren.
Never: I ~~am born~~ in 1997.

	(to) **become** [bɪ'kʌm], **became** [bɪ'keɪm], **become**	werden	Kate Walker **became** a singer five years ago. **!** Nicht verwechseln: (to) **become** = **werden** (to) **get** = **bekommen**
	tunnel ['tʌnl]	Tunnel	**!** Pronunciation: **tunnel** ['tʌnl] *French:* le tunnel 
	also ['ɔːlsəʊ]	auch	Jack had an idea and Ananda had an idea too. = Ananda **also** had an idea.
	(to) **die (of)** [daɪ]	sterben (an)	**!** -ing form: **dying** – This tree is **dying**.
	proud (of sb./sth.**)** [praʊd]	stolz (auf jn./etwas)	Our daughter is the best student in her class. We're very **proud of** her.
	(to) **mark** sth. **up** [ˌmɑːk‿'ʌp]	etwas markieren, kennzeichnen	
p.78/A7	**delicious** [dɪ'lɪʃəs]	köstlich, lecker	What's the pizza like? – Mmmm. It's **delicious**. *French:* délicieux,se
	impossible [ɪm'pɒsəbl]	unmöglich	It's **impossible** to run a mile in two minutes. *French:* impossible
	possible ['pɒsəbl]	möglich	**possible** ◄► **impossible** *French:* possible
	You're joking, aren't you?	Du machst Witze, nicht wahr? / Das ist nicht dein Ernst, oder?	I don't want to go on holiday. – **You're joking, aren't you?**

pretty cool/good/... ['prɪti]	ziemlich cool/gut/...	**! pretty** = **1.** *(adj)* hübsch – Polly is a **pretty** parrot. **2.** *(adv)* ziemlich – This place looks **pretty** cool.
flavour ['fleɪvə]	Geschmack, Geschmacksrichtung	Two ice creams, please. – What **flavour**? – Chocolate, please.
strawberry ['strɔːbəri]	Erdbeere	
p.78/A 8 **customer** ['kʌstəmə]	Kunde, Kundin	
waiter ['weɪtə]	Kellner	
waitress ['weɪtrəs]	Kellnerin	
medium ['miːdiəm]	mittel(groß)	We sell this T-shirt in three sizes: small, **medium** and **large**.
large [lɑːdʒ]	groß	

big – large – great

big / large

big und **large** sind oft austauschbar. ▶ a **big/large** family, a **big/large** house

big ist umgangssprachlicher als **large**.
In eher förmlichen Texten solltest du daher **large** schreiben.

large wird in der Regel nicht verwendet, um Menschen zu beschreiben. ▶ a very **big** man

great

great drückt aus, dass jemand oder etwas **wichtig, bedeutend, großartig** ist. ▶ a **great** actor/singer/engineer
a **great** new CD
We were in **great** danger.

p.78/A 9	**friendly** ['frendli]	freundlich	noun: **friend** – adjective: **friendly**
p.79/A 10	(to) **lock up** [ˌlɒk‿'ʌp]	abschließen	Please **lock up** before you leave the building.
	IT [ˌaɪ 'tiː] **(information technology)** [tek'nɒlədʒi]	IT (Informationstechnologie)	

Irregular past participles

(to) bring	brought	**brought** [brɔːt]	(mit-, her)bringen	(to) speak	spoke	**spoken** ['spəʊkən]	sprechen
(to) choose	chose	**chosen** ['tʃəʊzn]	(aus)wählen, (sich) aussuchen	(to) swim	swam	**swum** [swʌm]	schwimmen
(to) drink	drank	**drunk** [drʌŋk]	trinken	(to) teach	taught	**taught** [tɔːt]	unterrichten, lehren
(to) lose	lost	**lost** [lɒst]	verlieren	(to) tell	told	**told** [təʊld]	erzählen

	(to) **steal** [stiːl], **stole** [stəʊl], **stolen** ['stəʊlən]	stehlen	Where's your new bike? – Somebody **has stolen** it.
p.79/A11	**harbour** ['hɑːbə]	Hafen	
	at 16	mit 16, im Alter von 16 Jahren	You have to go to school till you're 16, but **at 16** you can leave and get a job.
	(to) **sail** [seɪl]	segeln	
	smoke [sməʊk]	Rauch	
	(to) **smoke** [sməʊk]	rauchen	No **smoking**!
	fireworks *(pl)* ['faɪəwɜːks]	Feuerwerk(skörper)	
	beard [bɪəd]	Bart	a man with a **beard**
	(to) **structure** ['strʌktʃə]	strukturieren, aufbauen	*French:* structurer
	beginning [bɪ'gɪnɪŋ]	Beginn, Anfang; Einleitung	**beginning** ◄► **end**
p.80/P2	**gun** [gʌn]	(Schuss-)Waffe	
	jewellery ['dʒuːəlri]	Schmuck	I've got some earrings, but no other **jewellery**.
p.80/P3	**discussion** [dɪ'skʌʃn]	Diskussion	! Betonung auf der 2. Silbe: **discussion** [dɪ'skʌʃn] *French:* la discussion
p.84/P11	**tornado** [tɔː'neɪdəʊ]	Tornado, Wirbelsturm	

To catch a thief

p.86 (to) **catch** [kætʃ], **caught, caught** [kɔːt]	fangen; erwischen	You throw the ball and I'll **catch** it. The police are trying to **catch** a bank robber.
thief [θiːf], *pl* **thieves** [θiːvz]	Dieb/in	
case [keɪs]	Fall	'This will be a difficult **case**,' the detective said. *French:* le cas
who?	wen? / wem?	

who? = „wer?" / „wen?" / „wem?"

„wer?"

„Wer?"-Fragen werden ohne *do/does/did* gebildet:

Who loves Polly? – Jack.
Wer liebt Polly? – Jack.

Jack loves Polly.

Who helped Toby? – Emily.
Wer half Toby? – Emily.

Emily helped Toby.

„wen?" / „wem?"

„Wen?"-Fragen und „Wem?"-Fragen werden im *simple present* mit *do/does* und im *simple past* mit *did* gebildet:

Who does Jack love? – Polly.
Wen liebt Jack? – Polly.

Who did Emily help? – Toby.
Wem half Emily? – Toby.

(to) **mean** [miːn], **meant, meant** [ment]	meinen	I hate that man. – Who do you **mean**? I said Tuesday, but I **meant** Thursday. ! (to) **mean** = **1.** bedeuten; **2.** meinen
proof *(no pl)* [pruːf]	Beweis(e)	Is she really a thief? We need **proof**. ! *Never:* ~~a proof~~

So?	Und? / Na und?	It's very cold today. – **So?** You can wear a pullover when you go out.
(to) **set a trap (for** sb.**), set, set** [ˌset_ə 'træp] **(-tt-)**	(jm.) eine Falle stellen	
purse [pɜːs]	Geldbörse	a **purse** 
ring [rɪŋ]	Ring	
(to) **bleep** [bliːp]	piepsen	
bleep [bliːp]	Piepton	
(to) **whistle** ['wɪsl]	pfeifen	
Shut up. [ˌʃʌt_'ʌp]	Halt den Mund!	**Shut up**, Toby. I want to watch this film. **!** (to) **shut – shut – shut**
p. 87 **all we have to do now ...**	alles, was wir jetzt (noch) tun müssen, ...	
(to) **look for** ['lʊk fɔː]	suchen	I'm **looking for** my purse. Do you know where it is?
(to) **suppose** [sə'pəʊz]	annehmen, vermuten	Anne wasn't at school today. I **suppose** she's ill. *French:* supposer
Wait a minute.	Warte mal! / Moment mal!	
this way ['ðɪs weɪ]	hier entlang, in diese Richtung	Excuse me. Where's 8PK's classroom? – **This way**, please. It's on the right.

	the wrong way	in die falsche Richtung	Stop! You're going **the wrong way**. We have to go this way.
	caretaker ['keəteɪkə]	Hausmeister/in	
	(to) **look after** sth./sb. [ˌlʊk‿'ɑːftə]	auf etwas/jn. aufpassen; sich um etwas/jn. kümmern	Emily often **looks after** Baby Hannah.
	cleaner ['kliːnə]	Putzfrau, -mann	
p.88	**rest** [rest]	Rest	*French:* le reste
	(to) **belong (to)** [bɪ'lɒŋ]	gehören (zu)	Who does this book **belong to**? (= Whose book is this?) – I think it's Jo's.
	mystery ['mɪstri]	Rätsel, Geheimnis	My grandfather doesn't understand computers. They're a **mystery** to him. *French:* le mystère
	(to) **tell** sb. **to do** sth.	jn. auffordern, etwas zu tun; jm. sagen, dass er/sie etwas tun soll	Mr Kingsley **told** Jack **to close** the window.

Unit 6: A trip to Bath

p.92	**Roman** ['rəʊmən]	römisch; Römer, Römerin	*French:* romain,e
	bath [bɑːθ]	Bad, Badewanne	! (to) **have a bath** = baden, ein Bad nehmen
	round [raʊnd]	rund	

	(to) **have a sauna** ['sɔːnə]	in die Sauna gehen	
	(to) **relax** [rɪ'læks]	(sich) entspannen, sich ausruhen	
	journey ['dʒɜːni]	Reise, Fahrt	Is it a long **journey** from your home to your school?
	(to) **enjoy** [ɪn'dʒɔɪ]	genießen	Lunch was very good. I really **enjoyed** it.
	sandal ['sændl]	Sandale	**sandals**  ! Betonung auf der 1. Silbe: **sandal** ['sændl]
p. 93	**wall** [wɔːl]	Wand; Mauer	A room has got four **walls**.
	stone [stəʊn]	Stein	Can you climb that **stone** wall?
p. 94/A1	(to) **cycle** ['saɪkl]	(mit dem) Rad fahren	(to) ride a bike 
	along the road [ə'lɒŋ]	entlang der Straße / die Straße entlang	
	path [pɑːθ]	Pfad, Weg	a **cycle path along** the river
	How are you? [ˌhaʊ‿'ɑː jʊ]	Wie geht es dir/Ihnen/euch?	**How are you**, Mr Kingsley**?** – I'm fine, thank you.

(to) **be lucky (with)** ['lʌki]	Glück haben (mit)	! • We **were** **lucky** with the weather. (Wir **hatten Glück** mit dem Wetter.) • We**'re** **happy** when the sun shines. (Wir **sind glücklich**, wenn die Sonne scheint.)
luckily ['lʌkɪli]	zum Glück, glücklicherweise	I dropped a plate yesterday. **Luckily**, it wasn't very expensive.
I've never been **to** Bath.	Ich bin noch nie in Bath gewesen.	
before [bɪ'fɔː]	(vorher) schon mal	Have you been to Bath **before** or is it your first visit?

Höflich um Auskunft bitten

Direkte Fragen können unhöflich wirken. Höflicher ist es, wenn du deine Bitten um Auskunft mit *Can you tell me ...?, I'd like to know ..., Do you know ...?* einleitest:

Direkte Fragen	Höflicher: indirekte Fragen	
Where**'s** Dan?	Can you tell me **where Dan is**?	..., wo Dan ist?
When **does** the museum open?	I'd like to know **when the museum opens**.	..., wann das Museum öffnet.
Why **did** he call you?	Do you know **why he called you**?	..., warum er dich angerufen hat?

! Kein *do/does/did* nach dem Fragewort!
Wortstellung in indirekten Fragen: Fragewort + Subjekt + Verb.

p. 94/A 2	**What else** do you know ...?	Was weißt du sonst noch ...?	
p. 95/A 3	**opposite** ['ɒpəzɪt]	gegenüber (von)	The bathroom is **opposite** the bedroom.
	map [mæp]	Landkarte, Stadtplan	

Irregular past participles

(to) feel	felt	**felt** [felt]	(sich) fühlen
(to) fly	flew	**flown** [fləʊn]	fliegen
(to) get	got	**got** [gɒt]	bekommen; holen; werden; (hin)kommen
(to) hide	hid	**hidden** ['hɪdn]	(sich) verstecken
(to) hit	hit	**hit** [hɪt]	schlagen
(to) read [ri:d]	read [red]	**read** [red]	lesen
(to) ride	rode	**ridden** ['rɪdn]	reiten; *(Rad)* fahren
(to) sing	sang	**sung** [sʌŋ]	singen
(to) throw	threw	**thrown** [θrəʊn]	werfen
(to) win	won	**won** [wʌn]	gewinnen

(to) **tell** sb. **the way**	jm. den Weg beschreiben
(to) **ask** sb. **the way**	jn. nach dem Weg fragen

way („Richtung“, „Weg“)

Stop. You're going **the wrong way**.	Halt! Du gehst **in die falsche Richtung**.
We have to go **this way**.	Wir müssen **hier entlang / in diese Richtung**.
Which way is the station, please?	**In welcher Richtung liegt** der Bahnhof, bitte? / **Wo geht's** zum Bahnhof, bitte?
I don't know where we are. Let's **ask** somebody **the way**.	... Lass uns jemanden **nach dem Weg fragen**.
'Excuse me. Can you **tell** us **the way** to Bath?'	„... Können Sie uns **den Weg** nach Bath **beschreiben**?“
The group had a lot of fun **on their way** to Bath.	... **auf ihrem Weg** nach Bath.

(to) **turn left/right** (nach) links/rechts abbiegen

Turn left.   **Turn right.**

French: tourner à gauche / à droite

(to) turn

The way to the station? No problem – **turn left** at the church, then **turn right** into Elm Street.	**abbiegen**
Suddenly the woman **turned** and looked at me.	**sich umdrehen**
Mrs Hanson **turned to** Jack and asked, 'Why?'	**sich jm. zuwenden; sich an jn. wenden**
Jo **turned off** the radio and **turned on** the TV.	**aus-, einschalten**

(to) **cross** [krɒs] überqueren; (sich) kreuzen

Don't **cross** the road here. It's too dangerous.
The two roads **cross** in the city centre.

	straight on [streɪt‿ˈɒn]	geradeaus weiter	The hospital? Turn left here, and then go **straight on**.
	post office [ˈpəʊst‿ɒfɪs]	Postamt	
	corner [ˈkɔːnə]	Ecke	! **on the corner <u>of</u>** Sand Street and London Road (= Sand Street, Ecke London Road)
	police station [pəˈliːs steɪʃn]	Polizeiwache, Polizeirevier	
	restaurant [ˈrestrɒnt]	Restaurant	! Betonung auf der 1. Silbe: **<u>res</u>taurant** [ˈrestrɒnt] *French:* le restaurant
	chemist [ˈkemɪst]	Drogerie, Apotheke	
	department store [dɪˈpɑːtmənt stɔː]	Kaufhaus	
p.95/A4	**directions** *(pl)* [dəˈrekʃnz]	Wegbeschreibung(en)	I couldn't find the station, but then a policeman gave me **directions**.
p.96/A5	(to) **be missing** [ˈmɪsɪŋ]	fehlen	Almost all my friends were at the party. Only Robbie **was missing**.
	square [skweə]	Platz *(in der Stadt)*	
	needn't do [ˈniːdnt]	nicht tun müssen, nicht zu tun brauchen	I can do the exercise. You **needn't** help me. **needn't** ◀▶ **must**
	not (...) any more	nicht mehr	The Greens do**n't** live here **any more**. They've moved to London.

	This is Isabel.	Hier spricht Isabel. / Hier ist Isabel. *(am Telefon)*	*(on the phone)* Am I speaking to Laura? – No, **this is** Emma.
	(to) **play a trick on** sb.	jm. einen Streich spielen	
p.97/A7	**planet** ['plænɪt]	Planet	! Betonung auf der 1. Silbe: **planet** ['plænɪt] *French:* la planète
	(to) **touch** [tʌtʃ]	berühren, anfassen	Don't **touch** the plates! They're hot.
	(to) **discover** [dɪ'skʌvə]	entdecken; herausfinden	*French:* découvrir
	mustn't do ['mʌsnt]	nicht tun dürfen	You **mustn't** touch the plates. They're hot.

must – needn't – mustn't

must (müssen)	**needn't** (nicht müssen)	**mustn't** (nicht dürfen)
Mit **must** drückt man aus, dass jemand etwas tun muss:	Mit **needn't** drückt man aus, dass jemand etwas nicht zu tun braucht:	Mit **mustn't** drückt man aus, dass jemand etwas nicht tun darf:
I **must** clean the hamster's cage today. It's very dirty.	I **needn't** clean the rabbits' cage. It isn't dirty.	You **mustn't** give hedgehogs milk. It's bad for them.
(Ich muss ... sauber machen.)	(Ich muss ... nicht sauber machen / brauche ... nicht sauber zu machen.)	(Du darfst Igeln keine Milch geben.)

p.97/A8	**instrument** ['ɪnstrəmənt]	Instrument	! Betonung auf der 1. Silbe: **instrument** ['ɪnstrəmənt] — *French:* l'instrument *(m)*
	organ ['ɔːgən]	Orgel	! (to) **play the organ** (Orgel spielen)

	star [stɑː]	Stern	a **star** 
p.102/P10	(to) **correct** [kə'rekt]	berichtigen, korrigieren	

A trip to Bath – a play for the end of term

p.103	**term** [tɜːm]	Trimester	The school year has three **terms** in Britain.
	(to) **like** sth. **better**	etwas lieber mögen	Tim's favourite sport is tennis, but I **like** football **better**.
	(to) **fall off** [ˌfɔːl‿'ɒf]	herunterfallen (von)	Liz **fell off** her horse, but luckily she wasn't hurt.
p.104	**the other way round**	anders herum	So your name is John James. – No, **the other way round**: James John.
	movement ['muːvmənt]	Bewegung	*French:* le mouvement
	leisure centre ['leʒə sentə]	Freizeitzentrum, -park	
	(to) **shiver** ['ʃɪvə]	zittern	
	(to) **yawn** [jɔːn]	gähnen	She**'s yawning**.
	audience ['ɔːdiəns]	Publikum; Zuschauer/innen, Zuhörer/innen	
	Hooray! [hu'reɪ]	Hurra!	

	(to) **pay (for)** [peɪ], **paid, paid** [peɪd]	bezahlen	! (to) **pay <u>for</u> a sandwich** (ein Sandwich bezahlen)
	tomato [tə'mɑːtəʊ], *pl* **tomatoes**	Tomate	 **lettuce**  **tomatoes** *French:* la tomate
	lettuce ['letɪs]	(Kopf-)Salat	
	century ['sentʃəri]	Jahrhundert	Martin Luther was born in the 15th **century**.
	(to) **wonder** ['wʌndə]	sich fragen, gern wissen wollen	Do you know that boy over there? I **wonder** who he is.
p.105	(to) **cheer** [tʃɪə]	jubeln, Beifall klatschen	At the end of the play, the audience **cheered** loudly.
	laughter ['lɑːftə]	Gelächter	verb: (to) **laugh** – noun: **laughter**
	worry ['wʌri]	Sorge, Kummer	verb: (to) **worry** – noun: **worry**
	bright [braɪt]	hell, leuchtend	It's a very **bright** room. It gets the sun all day.
	if	ob	! **if** = **1.** ob – I don't know **if** I can come to your party. **2.** falls, wenn – But I'll come **if** I can.
	true [truː]	wahr	The twins' mother lives in Australia. – That's not **true**. She lives in New Zealand.

Irregular past participles

(to) hurt	hurt	**hurt** [hɜːt]	wehtun; verletzen
(to) keep	kept	**kept** [kept]	*(warm/offen/...)* halten
(to) lay the table	laid	**laid** [leɪd]	den Tisch decken
(to) let	let	**let** [let]	lassen
(to) shine	shone	**shone** [ʃɒn]	scheinen *(Sonne)*
(to) show	showed	**shown** [ʃəʊn]	zeigen
(to) spend	spent	**spent** [spent]	*(Geld)* ausgeben; *(Zeit)* verbringen
(to) stand	stood	**stood** [stʊd]	stehen; sich (hin)stellen
(to) understand	understood	**understood** [ˌ-ˈstʊd]	verstehen
(to) wear	wore	**worn** [wɔːn]	tragen *(Kleidung)*

Irregular verbs

Infinitive	Simple past form	Past participle	
(to) **be**	**was/were**	**been**	sein
(to) **become**	**became**	**become**	werden
(to) **bring**	**brought**	**brought**	(mit-, her)bringen
(to) **build**	**built**	**built**	bauen
(to) **buy**	**bought**	**bought**	kaufen
(to) **catch**	**caught**	**caught**	fangen; erwischen
(to) **choose** [uː]	**chose** [əʊ]	**chosen** [əʊ]	(aus)wählen; (sich) aussuchen
(to) **come**	**came**	**come**	kommen
(to) **do**	**did**	**done** [ʌ]	tun, machen
(to) **drink**	**drank**	**drunk**	trinken
(to) **drive** [aɪ]	**drove**	**driven** [ɪ]	*(ein Auto)* fahren
(to) **eat**	**ate** [et, eɪt]	**eaten**	essen
(to) **fall**	**fell**	**fallen**	(hin)fallen, stürzen
(to) **feed**	**fed**	**fed**	füttern
(to) **feel**	**felt**	**felt**	(sich) fühlen; sich anfühlen
(to) **find**	**found**	**found**	finden

(to) **fly**	**flew**	**flown**	fliegen
(to) **get**	**got**	**got**	bekommen; holen; werden; (hin)kommen
(to) **give**	**gave**	**given**	geben
(to) **go**	**went**	**gone** [ɒ]	gehen, fahren
(to) **grow**	**grew**	**grown**	wachsen; anbauen, anpflanzen
(to) **have (have got)**	**had**	**had**	haben, besitzen
(to) **hear** [ɪə]	**heard** [ɜː]	**heard** [ɜː]	hören
(to) **hide** [aɪ]	**hid** [ɪ]	**hidden** [ɪ]	(sich) verstecken
(to) **hit**	**hit**	**hit**	schlagen
(to) **hold**	**held**	**held**	halten
(to) **hurt**	**hurt**	**hurt**	wehtun; verletzen
(to) **keep**	**kept**	**kept**	*(warm/offen/...)* halten
(to) **know** [nəʊ]	**knew** [njuː]	**known** [nəʊn]	wissen; kennen
(to) **lay** the table	**laid**	**laid**	den Tisch decken
(to) **leave**	**left**	**left**	(weg)gehen; abfahren; verlassen; zurücklassen
(to) **let**	**let**	**let**	lassen
(to) **lose** [uː]	**lost** [ɒ]	**lost** [ɒ]	verlieren

Infinitive	Simple past form	Past participle	
(to) **make**	**made**	**made**	machen; bauen; bilden
(to) **mean** [iː]	**meant** [e]	**meant** [e]	bedeuten; meinen
(to) **meet**	**met**	**met**	(sich) treffen
(to) **pay**	**paid**	**paid**	bezahlen
(to) **put**	**put**	**put**	legen, stellen, *(wohin)* tun
(to) **read** [iː]	**read** [e]	**read** [e]	lesen
(to) **ride** [aɪ]	**rode**	**ridden** [ɪ]	reiten; *(Rad)* fahren
(to) **ring**	**rang**	**rung**	klingeln, läuten
(to) **run**	**ran**	**run**	rennen, laufen
(to) **say** [eɪ]	**said** [e]	**said** [e]	sagen
(to) **see**	**saw**	**seen**	sehen; besuchen, aufsuchen
(to) **sell**	**sold**	**sold**	verkaufen
(to) **send**	**sent**	**sent**	schicken, senden
(to) **set** a trap	**set**	**set**	eine Falle stellen
(to) **shine**	**shone** [ɒ]	**shone** [ɒ]	scheinen *(Sonne)*
(to) **show**	**showed**	**shown**	zeigen
(to) **shut** up	**shut**	**shut**	den Mund halten

(to) **sing**	**sang**	**sung**	singen
(to) **sit**	**sat**	**sat**	sitzen; sich setzen
(to) **sleep**	**slept**	**slept**	schlafen
(to) **speak**	**spoke**	**spoken**	sprechen
(to) **spend**	**spent**	**spent**	*(Zeit)* verbringen; *(Geld)* ausgeben
(to) **stand**	**stood**	**stood**	stehen; sich (hin)stellen
(to) **steal**	**stole**	**stolen**	stehlen
(to) **swim**	**swam**	**swum**	schwimmen
(to) **take**	**took**	**taken**	nehmen; (weg-, hin)bringen
(to) **teach**	**taught**	**taught**	unterrichten, lehren
(to) **tell**	**told**	**told**	erzählen, berichten
(to) **think**	**thought**	**thought**	denken, glauben, meinen
(to) **throw**	**threw**	**thrown**	werfen
(to) **understand**	**understood**	**understood**	verstehen
(to) **wear** [eə]	**wore** [ɔː]	**worn** [ɔː]	tragen *(Kleidung)*
(to) **win**	**won** [ʌ]	**won** [ʌ]	gewinnen
(to) **write**	**wrote**	**written**	schreiben

Auf den folgenden Seiten stehen ein paar Tipps, wie du Vokabeln lernen kannst.
Am besten, du probierst jede Möglichkeit aus, dann weißt du, welche für dich am besten ist.

Vokabeln lernen mit dem Vokabeltaschenbuch (oder dem Vocabulary in deinem Englischbuch)

Schritt 1:
- Lies das englische Wort laut. (Aussprache und Betonung sind in den eckigen Klammern angegeben.)
- Lies dann die deutsche Übersetzung in der mittleren Spalte.
- Beachte auch die Beispielsätze oder sonstigen Hinweise in der rechten Spalte.

Schritt 2:
Überprüfe Zeile für Zeile, ob du die Wörter weißt:
- Deck die mittlere Spalte ab und sag die deutsche Übersetzung.
- Nun deck die linke und die rechte Spalte ab. Sag die englischen Wörter und – wenn du kannst – auch den Beispielsatz.

So kannst du dir eine Lernhilfe zum Abdecken der Spalten basteln:

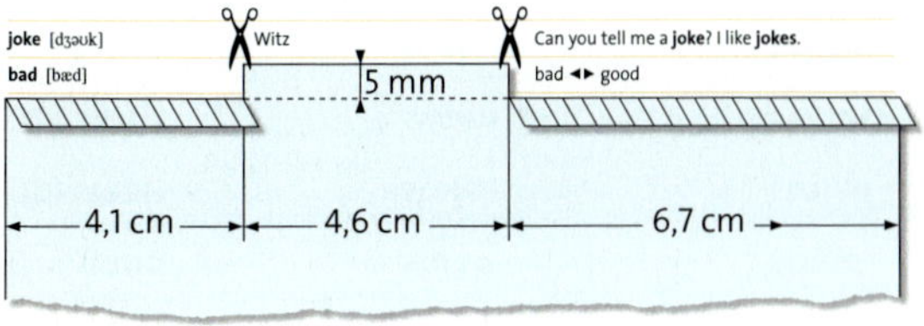

englisch – deutsch

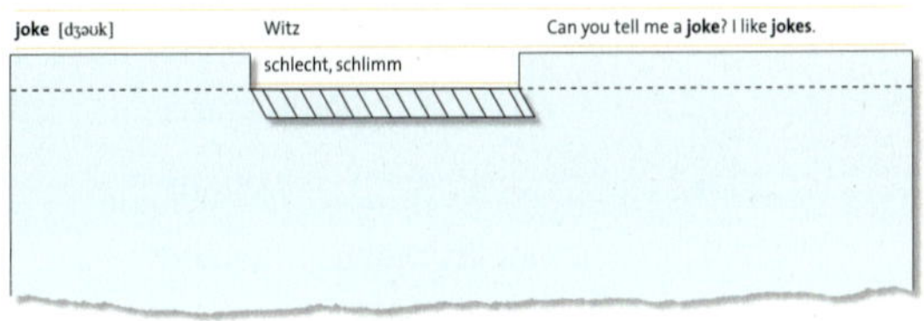

deutsch – englisch

Tipps
- Lerne immer 7–10 Wörter auf einmal.
- Lerne Vokabeln regelmäßig – lieber jeden Tag 5–10 Minuten als einmal pro Woche zwei Stunden.
- Wiederhole „alte“ Vokabeln einmal pro Woche.
- Es macht mehr Spaß, wenn du mit jemandem zusammen lernst. Fragt euch z.B. gegenseitig ab.

Abschreiben erwünscht!

Besonders gut behältst du Vokabeln, wenn du sie aufschreibst. Es gibt mehrere Möglichkeiten:

■ Dreispaltiges Vokabelheft

Leg ein Vokabelheft (mindestens DIN A5) mit drei Spalten an:

- **Spalte 1:** das englische Wort
- **Spalte 2:** die deutsche Übersetzung
- **Spalte 3:** Beispielsätze (aus dem Vocabulary, aus der Unit deines Englischbuchs, ...) oder Bilder.

Lies dir am Ende noch einmal laut vor, was du geschrieben hast.

■ Elektronisches Wörterverzeichnis

Es gibt Computerprogramme, die dich beim Üben und Wiederholen wie ein „Vokabeltrainer“ unterstützen. Du kannst dazu dein *e-Workbook* und den *English Coach* benutzen.

■ Karteikarten

Auf die Vorderseite schreibst du das englische Wort mit einem Beispielsatz, auf die Rückseite die deutsche Übersetzung. Diese Karteikarten kannst du in einem Karteikasten sammeln (siehe nächste Seite).

Vorderseite Rückseite

Alles im Kasten – Vokabeln lernen mit einem Karteikasten

In einer Pappschachtel, die du in fünf unterschiedlich große Fächer unterteilst, kannst du deine Karteikarten aufbewahren.

- Die beschrifteten Karteikarten kommen in das erste Fach. Ist das Fach voll, dann nimm den Packen heraus und prüfe, ob du die Vokabeln kannst.

- Vokabeln, die „sitzen“, kommen in das nächste Fach. Vokabeln, die du nicht kannst, steckst du immer zum Wiederholen ins erste Fach zurück.

- Immer wenn ein Fach zu voll ist, überprüfe, wie gut du die Vokabeln dort beherrschst. Steck die Karten ein Fach weiter oder zum Wiederholen zurück in Fach 1.

- Wenn du Vokabeln, die im 5. Fach angekommen sind, nach einiger Zeit immer noch beherrschst, kannst du sie herausnehmen, denn: **Fünfmal gekonnt ist wirklich gekonnt!**

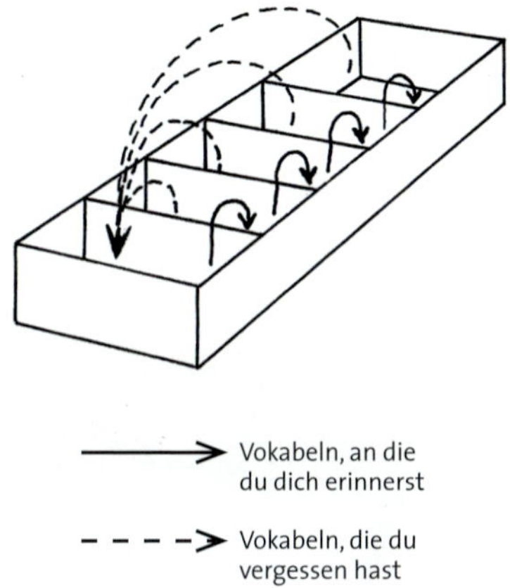

Ordnen und gruppieren

Du behältst neue Vokabeln leichter, wenn du sie ordnest und in Gruppen lernst.
Auch hier gibt es wieder mehrere Möglichkeiten:

- **Gegensatzpaare**, z.B.

  full – **empty**,
  (to) push – **(to) pull**,
  early – **late**,
  (to) open – **(to) close**.

- **Wortfelder** –

  dabei schreibst du alle Wörter, die zu einem Wortfeld gehören, unter ihrem Oberbegriff (**group word**) auf.

SCHOOL

subjects	sports	things
Maths	tennis	book
Art	football	pencil
Geography	...	...
...		

- ***Networks*** („Wörternetze").

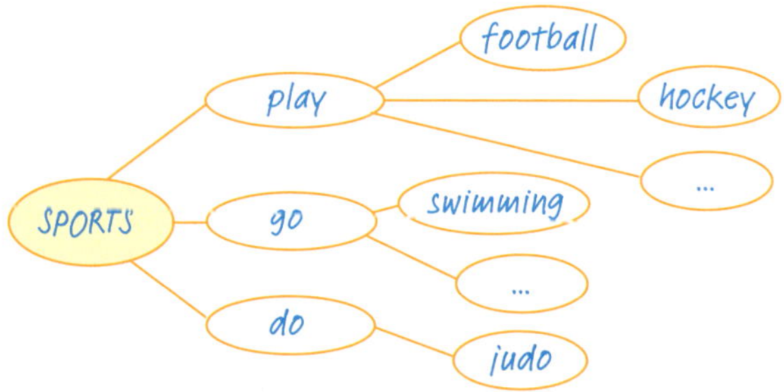

English G 21 • Band B 2
Vokabeltaschenbuch

Im Auftrag des Verlages herausgegeben von
Prof. Hellmut Schwarz, Mannheim

Erarbeitet von
Uwe Tröger, Hannover

unter Mitarbeit von
Dr. Philip Devlin, Berlin;
Gareth Evans, Berlin
sowie
Joachim Blombach, Herford;
Helmut Dengler, Limbach
(S. 68–71: Vokabeln lernen)

Illustration
Roland Beier, Berlin

Layoutkonzept
Korinna Wilkes

Technische Umsetzung
Stephan Hilleckenbach, Berlin;
Ina Hillmann

Umschlaggestaltung
Klein & Halm Grafikdesign, Berlin

www.cornelsen.de
www.EnglishG.de

Dieses Werk berücksichtigt die Regeln der reformierten Rechtschreibung und Zeichensetzung.

1. Auflage, 3. Druck 2013

Alle Drucke dieser Auflage sind inhaltlich unverändert und können im Unterricht nebeneinander verwendet werden.

Druck: H. Heenemann, Berlin

ISBN 978-3-06-031184-2

Inhalt gedruckt auf säurefreiem Papier aus nachhaltiger Forstwirtschaft.